启功临帖对照册

启功临赵孟頫《胆巴碑》

启功 著

卫兵 编

北京师范大学出版集团
BEIJING NORMAL UNIVERSITY PUBLISHING GROUP
北京师范大学出版社

敬告读者：

考虑到读者欣赏、临写书法作品的习惯，本书内文采用繁体竖排形式。

特此说明。

啓功先生談臨帖（代序）*

常有人問，入手時或某個階段宜臨什麽帖，常問：『你看我臨什麽帖好？』或問：『我學哪一體好？』或問：『爲什麽要臨帖？』更常有人問：『我怎麽總臨不像？』問題很多。據我個人的理解，在此試做探討：

『帖』，這裏做樣本、範本的代稱。臨學範本，不是爲和它完全一樣，不是要寫成爲自己手邊帖上字的複印本，而是以範本爲譜子，練熟自己手下的技巧。譬如練鋼琴，每天對著名曲的譜子彈，來練基本功一樣。當然初臨總要求相似，學會了範本中各方面的方法，運用到自己要寫的字句上來，就是臨帖的目的。

選什麽帖，這完全要看幾項條件，自己喜愛哪樣風格的字，如同口味的嗜好，旁人無從代出主意。其次是有哪本帖，古代不但得到名家真跡不易，即得到好拓本也不易。有一本範本，學了一生也没練好字的人，真不知有多少。現在影印技術發達，好範本隨處可以買到，按照自己的愛好或『性之所近』的去學，没有不收『事半功倍』的效果的。

『選範本可以換嗎？』學習什麽都要有一段穩定的熟練的階段，但發現手邊範本實在有不對胃口或違背自己個性的地方，換學另一種又有何不可？隨便『見異思遷』固然不好，但『見善則遷，有過則改』（《易經》語）又有何不該呢？

或問：『我怎麽總臨不像？』任何人學另一人的筆跡，都不能像，如果一學就像，還都逼真，那麽簽字在法律上就失效了。所以王獻之的字不能十分像王羲之，米友仁的字不能十分像米芾。蘇轍的字不能十分像蘇軾，蔡卞的字不能十分像蔡京。所謂『雖在父兄，不能以移子弟』（曹丕語），何況時間地點相隔很遠，未曾見過面的古今人呢？臨學是爲吸取方法，而不是爲造假帖。學習求『似』，是爲方法『準確』。

問：『碑帖上字中的某些特徵是怎麽寫成的？如龍門造像記中的方筆，顔真卿字中捺筆出鋒，應該怎麽去學？』圓錐形的毛筆頭，無論如何也寫不出那麽『刀斬斧齊』的方筆畫，碑上那些方筆畫，都是刀刻時留下的痕跡。所以，見過那時代的墨蹟之後，再看石刻拓本，就不難理解未刻之先那些底本上筆畫輕重應是什麽樣的情況。再能掌握筆畫疏密的主要軌道，即使看那些刀痕斧跡也都能成爲書法的參考，至於顔體捺腳另出一個小道，那是唐代毛筆制法上的特點所造成，唐筆的中心『主鋒』較硬較長，旁邊的『副毫』漸外漸短，形成半個棗核那樣，捺腳按住後，抬起筆時，副毫停止，主鋒在抬起處還留下痕跡，即是那個像是另加的小尖。不但捺筆如此，有些向下的竪筆末端再向左的鈎處也常有這種現象。前人稱之爲『蟹爪』，即是主鋒和副毫步調不能一致的結果。

又常有人問應學『哪一體』？所謂『體』，即是指某一人或某一類的書法風格，我們試看古代某人所寫的若干碑，若干帖，常常互有不同處。

我們學什麼體，又拿哪裏爲那體的界限呢？那一人對他自己的作品還沒有絶對的、固定的界限，我們又何從學定他那一體呢？還有什麼當先學誰然後學誰的説法，恐怕都不可信。另外還有一樣説法，以爲字是先有篆，再有隸，再有楷，因而要有『根本』『淵源』，必須先學好篆隸，才能寫好楷書。我們看雞是從蛋中孵出的，但是没見過學畫的人必先學好畫蛋，然後才會畫雞的！

還有人誤解筆畫中的『力量』，以爲必須自己使勁去寫才能出現的。其實筆畫的『有力』，是由於它的軌道準確，給看者以『有力』的感覺，如果下筆、行筆時指、腕、肘、臂等任何一處有意識地去用了力，那些地方必然僵化，而寫不出美觀的『力感』。還有人有意追求什麼『雄偉』『挺拔』『俊秀』『古樸』等等被用作形容的比擬詞，不但無法實現，甚至寫不成一個平常的字了。清代翁方綱題一本模糊的古帖有一句詩説：『渾樸當居用筆先』，我們真無法設想，筆還没落時就先渾樸，除非這個書家是個嬰兒。

問：『每天要寫多少字？』這和每天要吃多少飯的問題一樣，每人的食量不同，不能規定一致。總在食欲旺盛時吃，消化吸收也很容易。學生功課有定額是一種目的和要求，愛好者練字又是一種目的和要求，不能等同。我有一位朋友，每天一定要寫幾篇字，都是臨《張遷碑》，寫了的元書紙，疊在地上，有一人高的兩大疊。我去翻看，上層的不如下層的好。因爲他已經寫得膩煩了，但還要寫，只是『完成任務』，除了有自己向自己『交差』的思想外，還有給旁人看『成績』的思想。其實真『成績』高下不在『數量』的多少。

有人誤解『功夫』二字。以爲時間久、數量多即叫作『功夫』。事實上『功夫』是『準確』的積累。熟練了，下筆即能準確，便是功夫的成效。譬如用槍打靶，每天盲目地放百粒子彈，不如精心用意手眼俱準地打一槍，如能每次二射中一，已經不錯了。所以可説：『功夫不是盲目的時間加數量，而是準確的重複以達到熟練。』

* 本文摘自啓功：《論書絶句》（注釋本），趙仁珪注釋，224~227頁，北京，生活·讀書·新知三聯書店，2014。標題有所更改。

大元勑賜龍興寺大

覺普慈廣照無上帝

覺普慈廣照無上帝

覺普慈廣照無上帝

師之碑

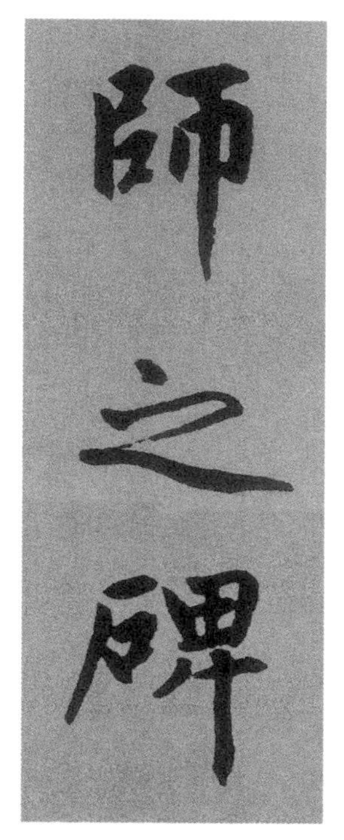
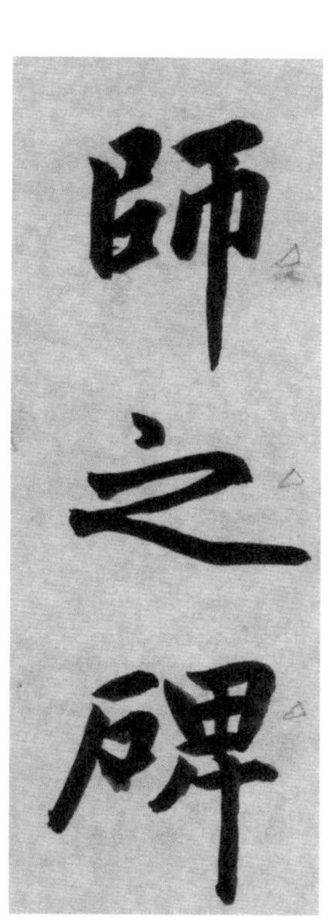

集賢學士資德大

集賢學士資德大

集賢學士資德大

夫臣趙孟頫奉

勑撰并書篆

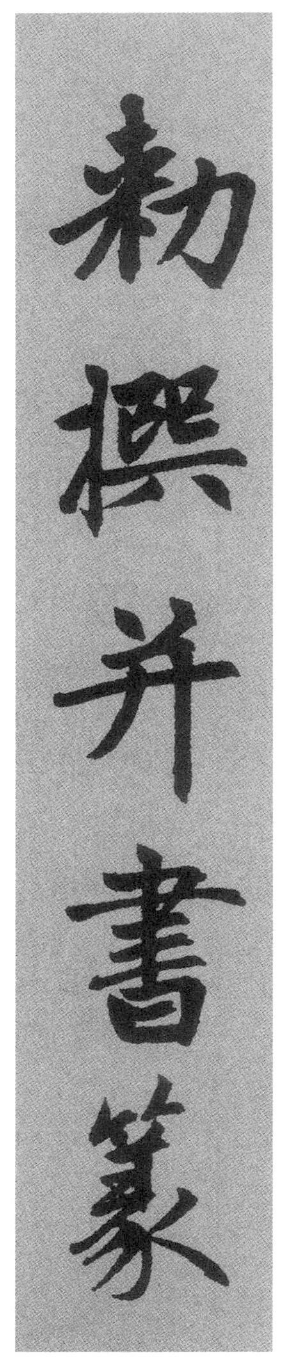

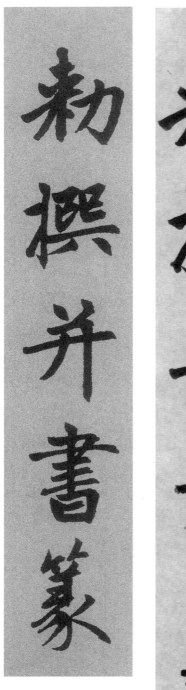

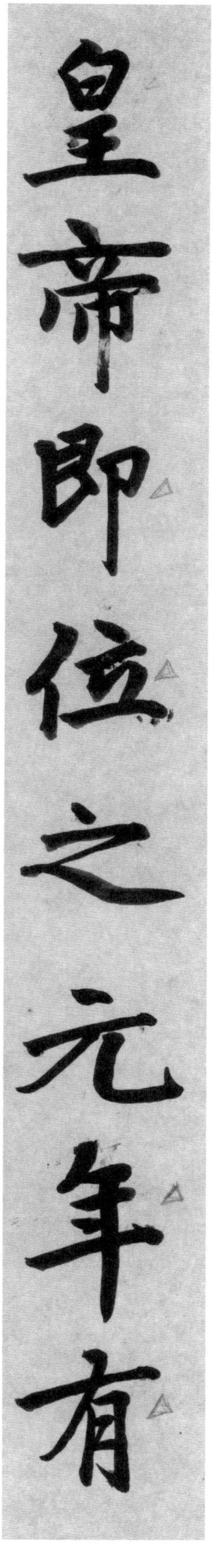

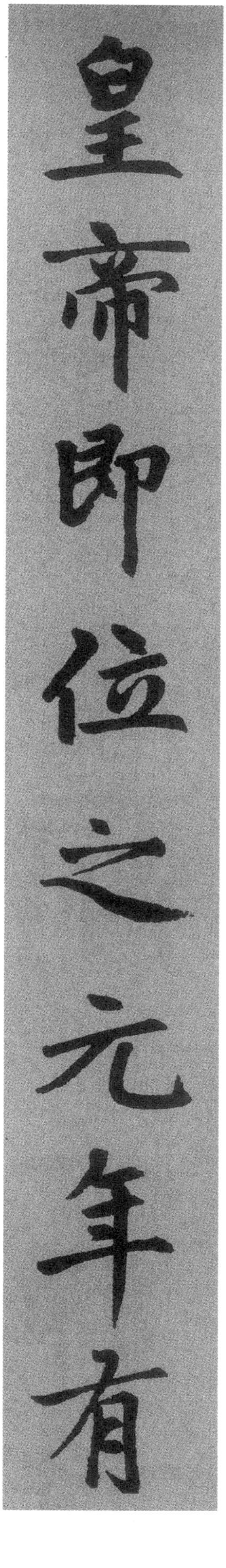

皇帝即位之元年有

詔　金剛上師膽

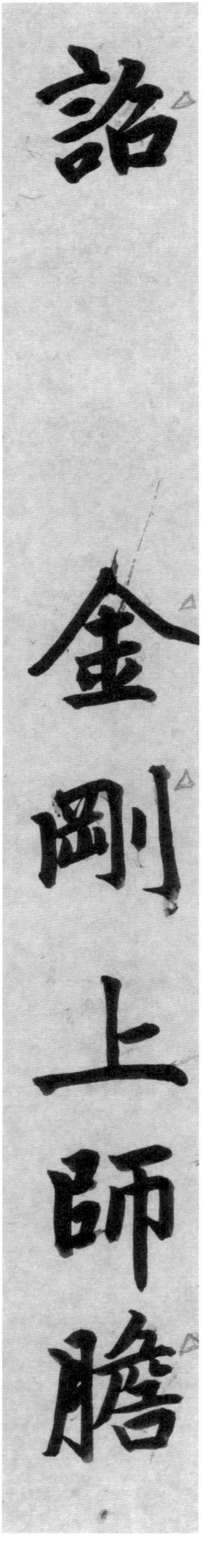

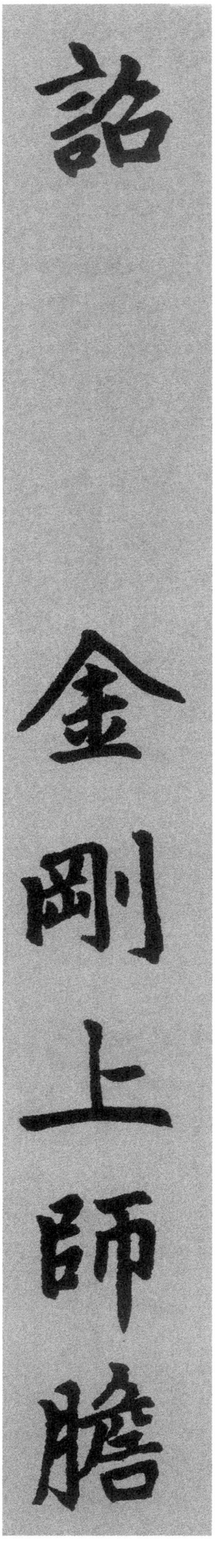

巴賜謚大覺普慈廣

照無上帝師　勑

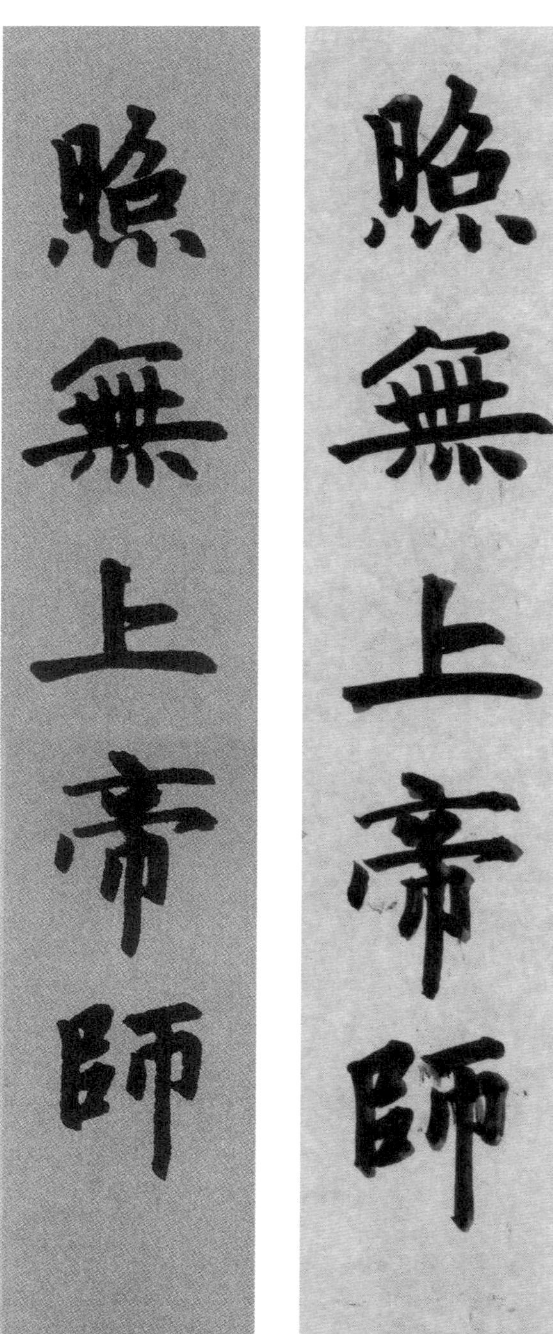

臣孟頫為文并書刻

石大都　寺五年

石大都寺五年

石大都寺五年

真定路龍興寺僧迭

真定路龍興寺僧迭

真定路龍興寺僧迭

凡八奏師本住其寺

乞刻石寺中復

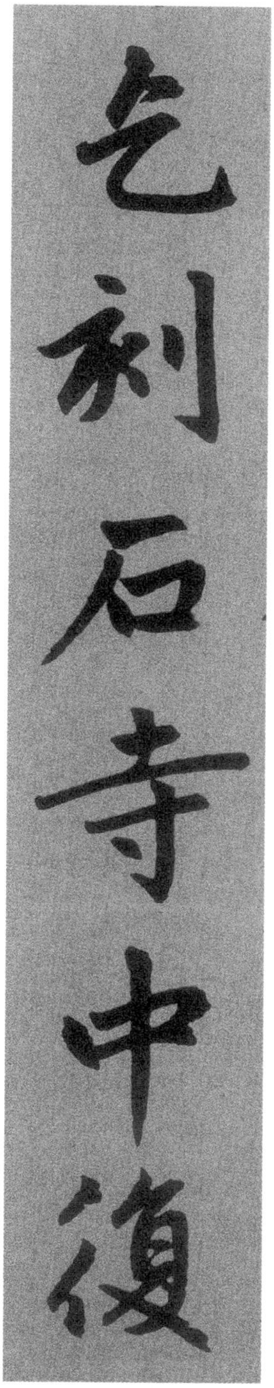

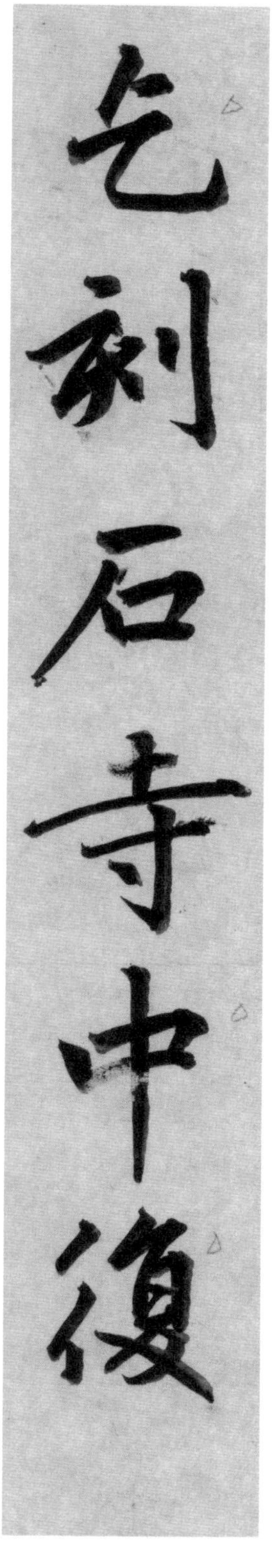

勑臣孟頫為文并書

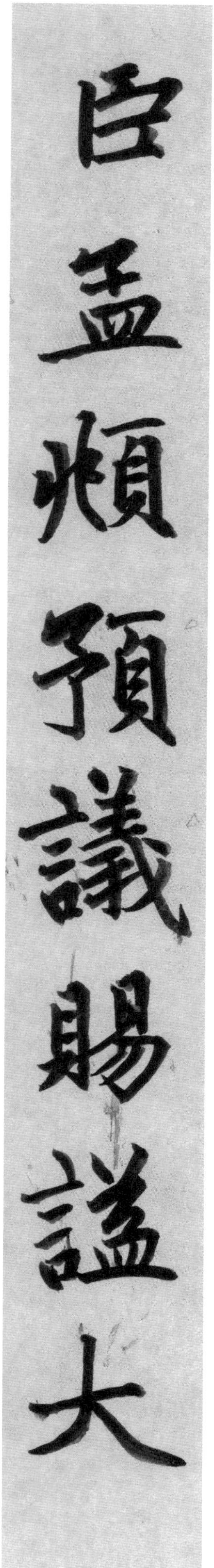

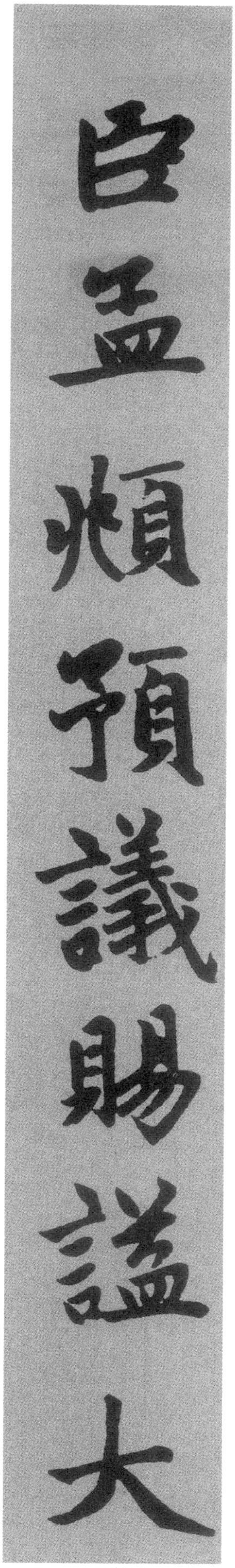

臣孟頫預議賜謚大

覺以言乎師之體普

覺以言乎師之體普

覺以言乎師之體普

慈以言乎師之用廣

照以言慧光之所照

臨無上以言為帝者

臨無上以言爲帝者

臨無上以言爲帝者

師既奏有　旨於

師既奏有

旨於

師既奏有

旨於

義甚當謹按師所生

之地曰突甘斯旦麻

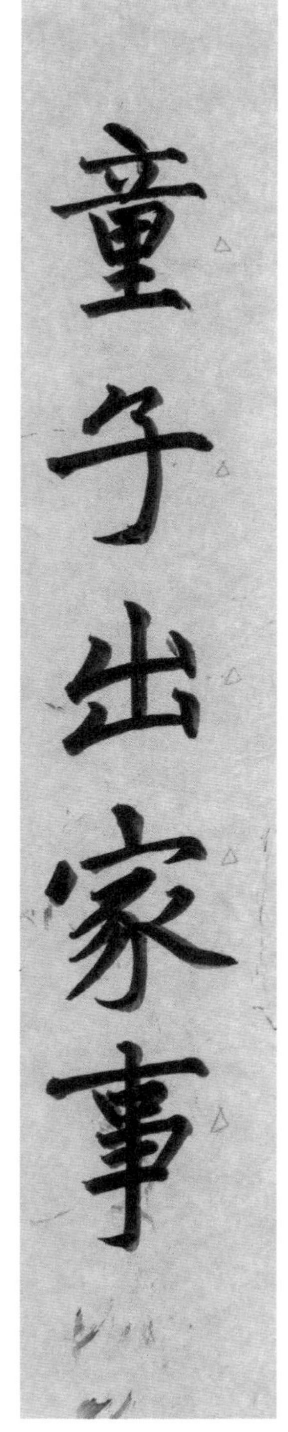

童子出家事

聖師綽理哲哇為弟

子受名膽巴梵言膽

子受名膽巴梵言膽

子受名膽巴梵言膽

巴華言微妙先受秘

密戒法繼遊西天竺

國徧參高僧受經律

論緜是深入法海博

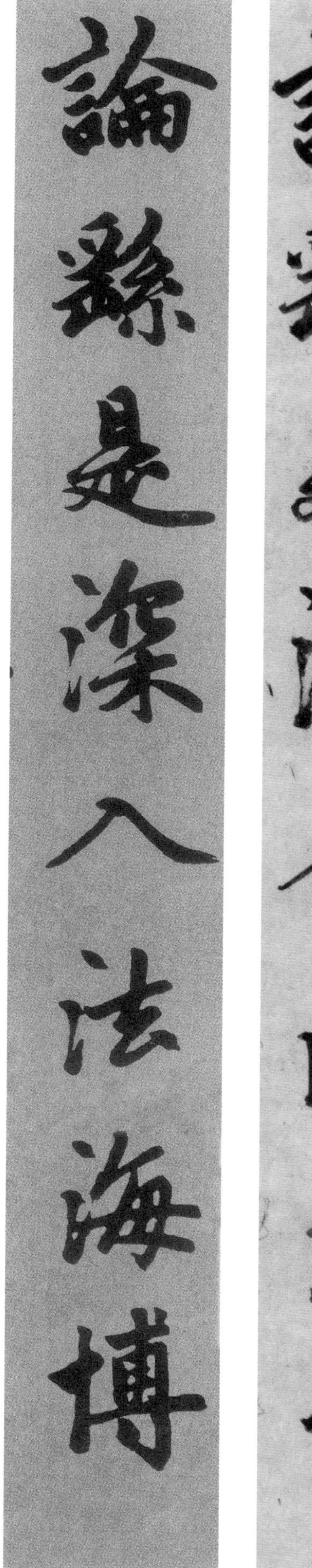

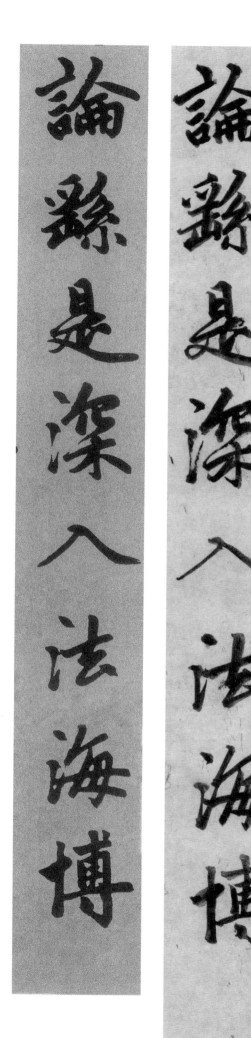

采道要顯密兩融空

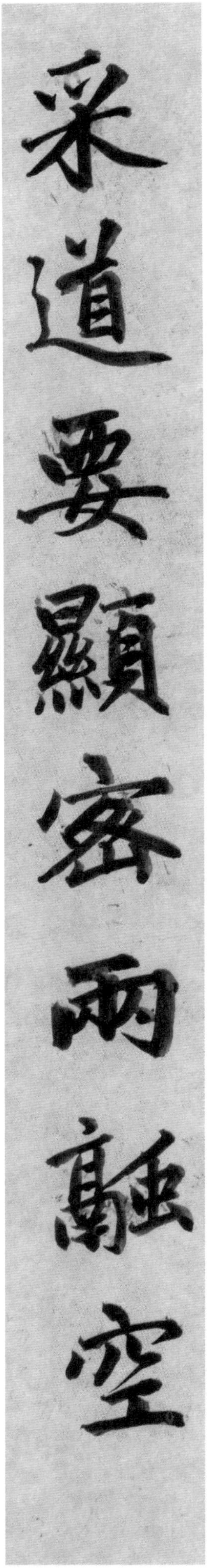

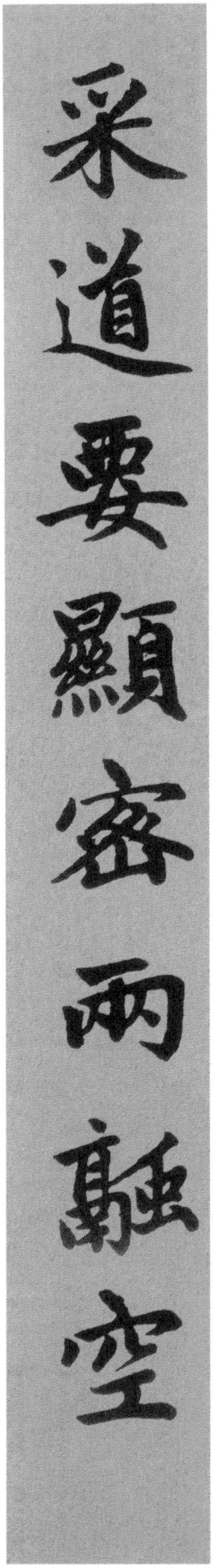

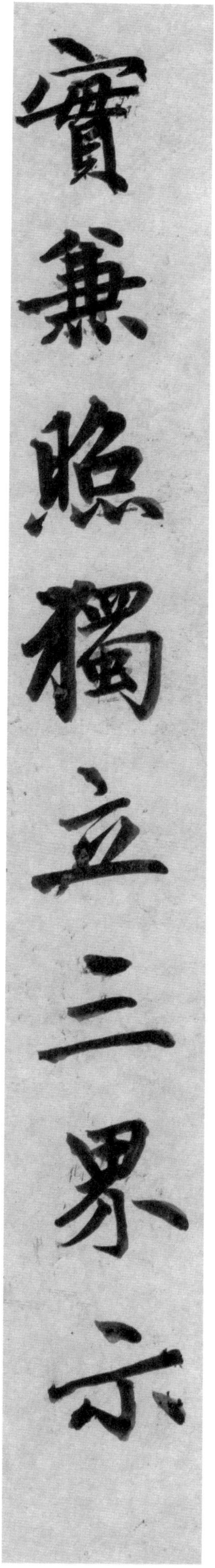

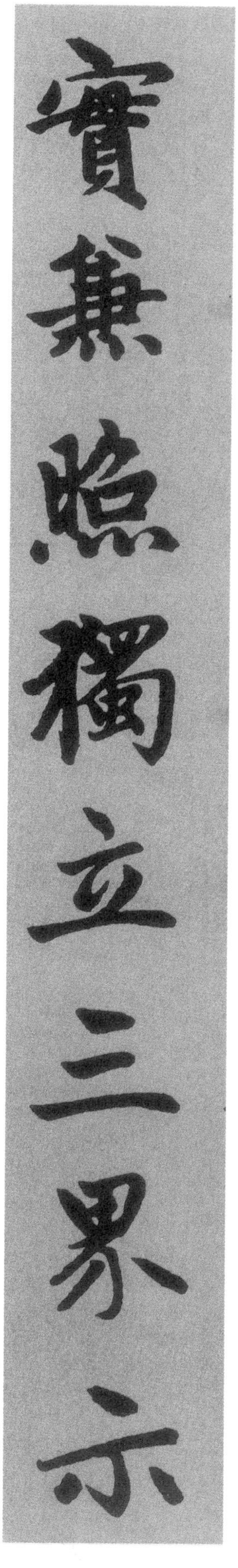

實兼照獨立三界示

衆標的至元七年与

帝師巴思八俱

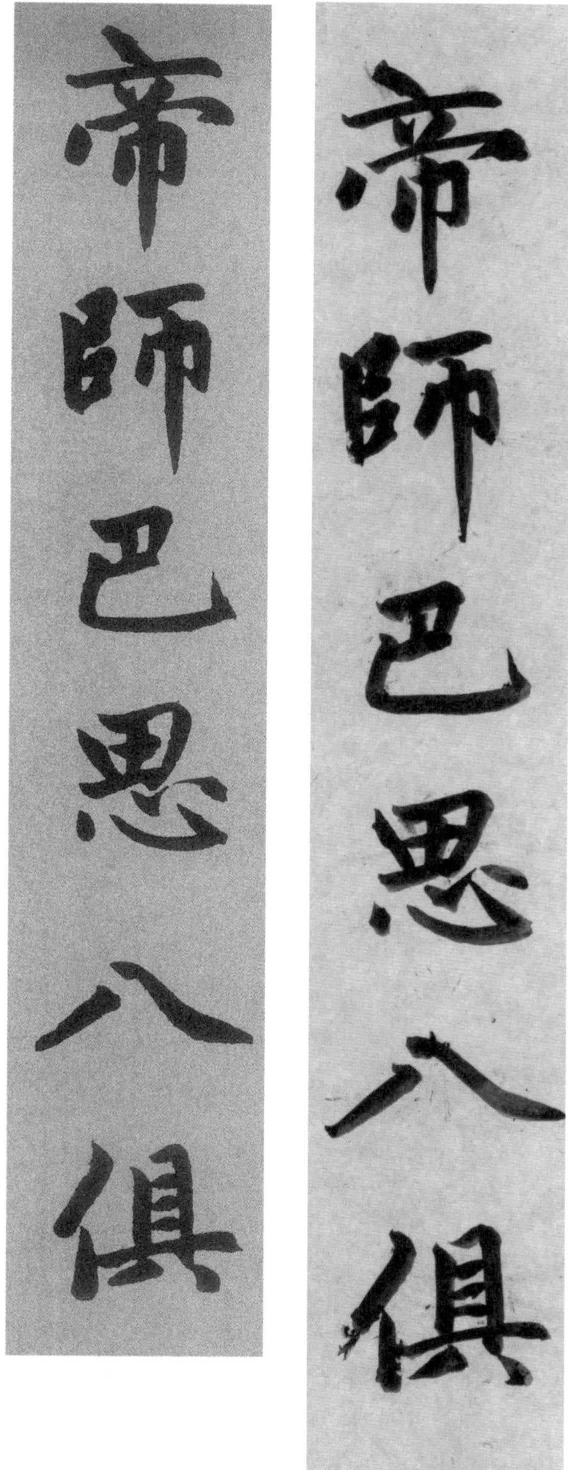

至中國　帝師者

至中國

帝師者

至中國

帝師者

乃　聖師之昆弟

子也　帝師告歸

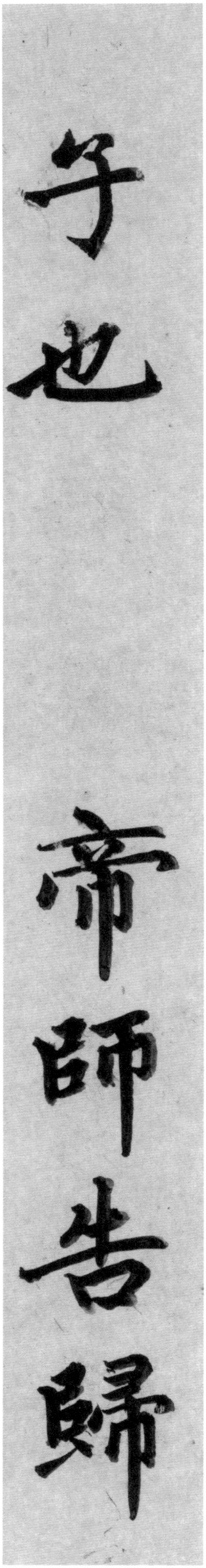

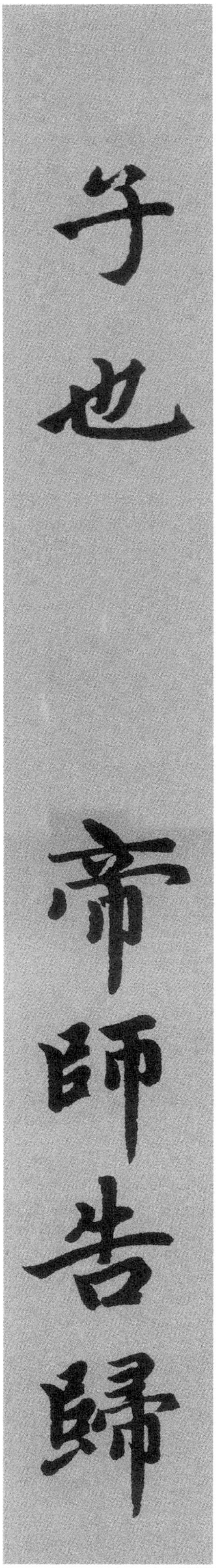

西番以教門之事西屬

之於師始於五臺山

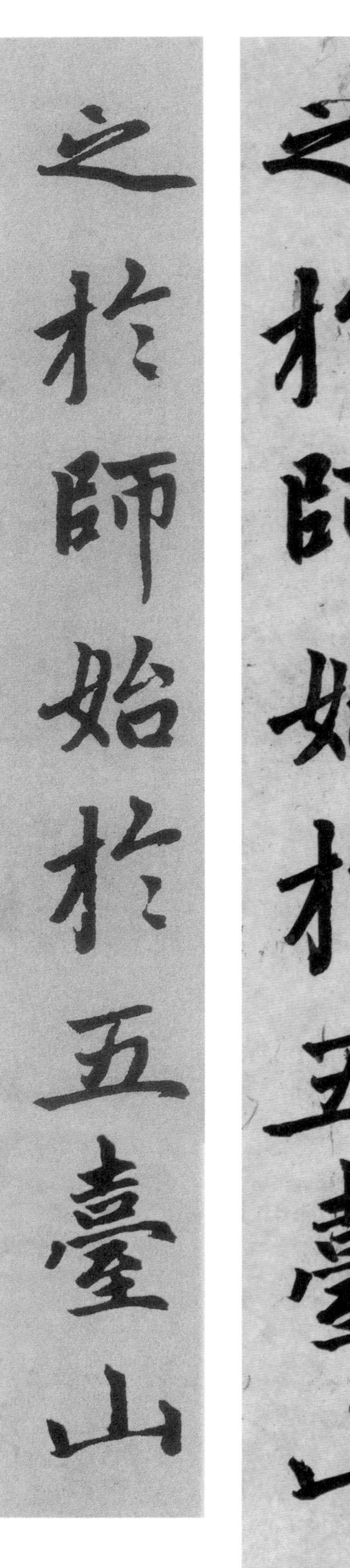

建立道場行秘密咒

法作諸佛事祠祭摩

訶伽剌持戒甚嚴晝

訶伽剌持戒甚嚴晝

訶伽剌持戒甚嚴晝

夜不懈屢彰神異赫

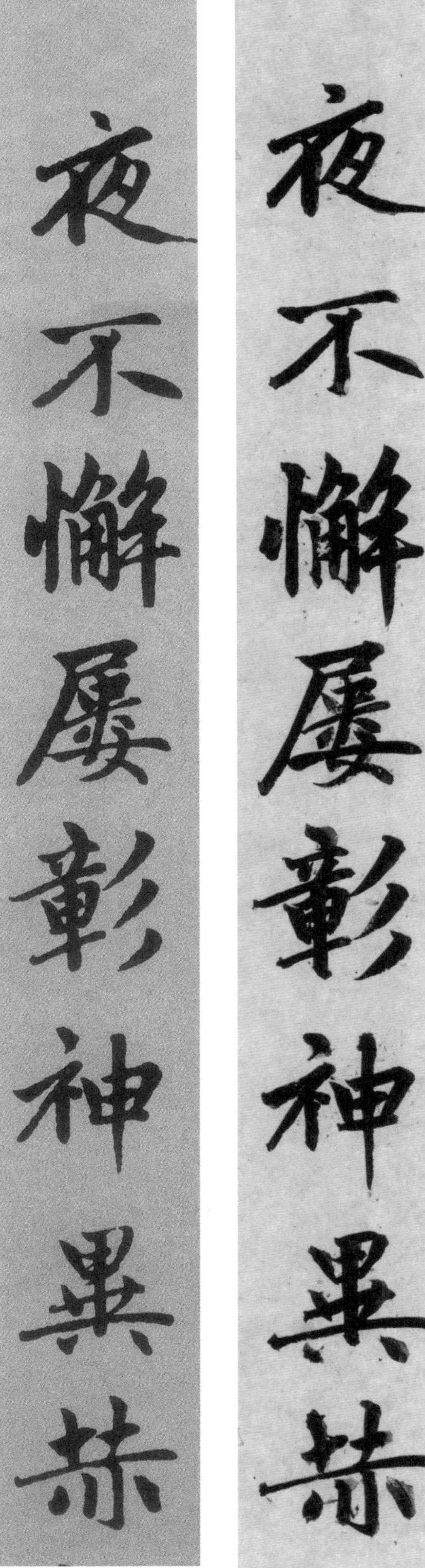

然流聞自是德業隆

盛人天歸敬

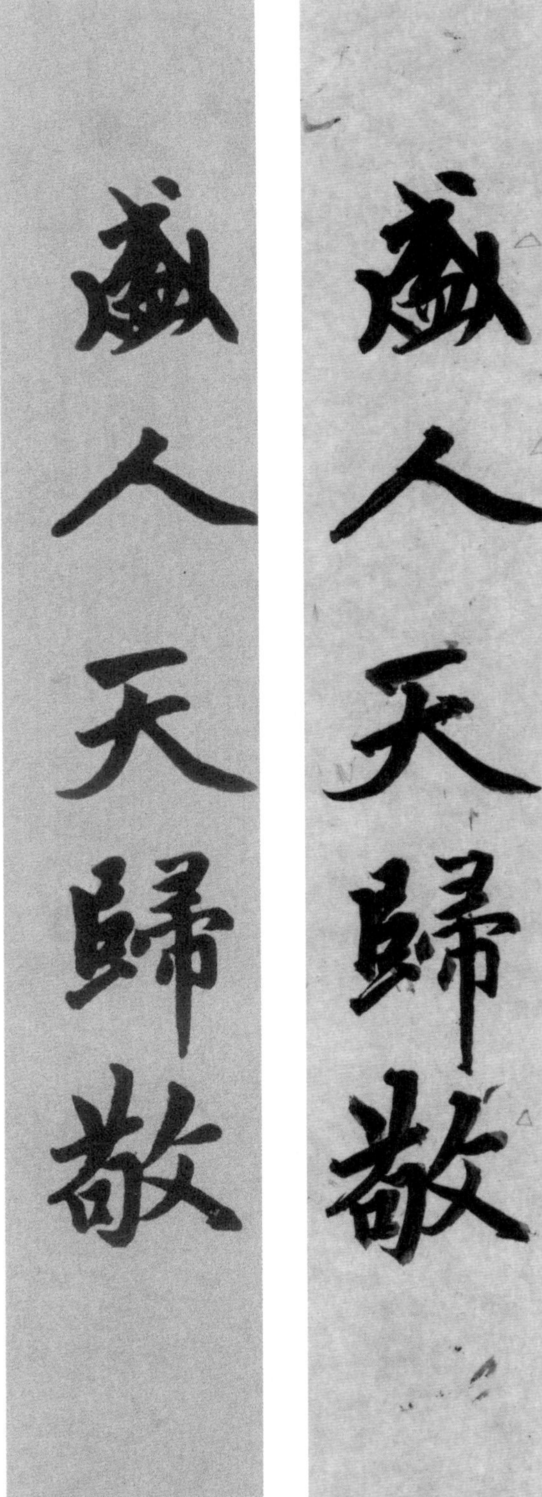

武宗皇帝

皇伯

晉王及

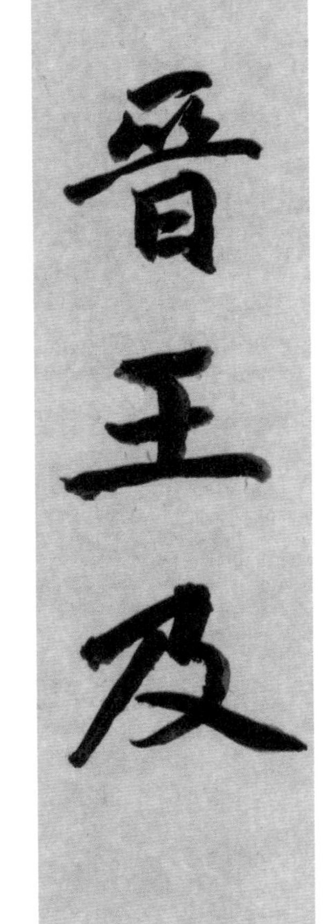

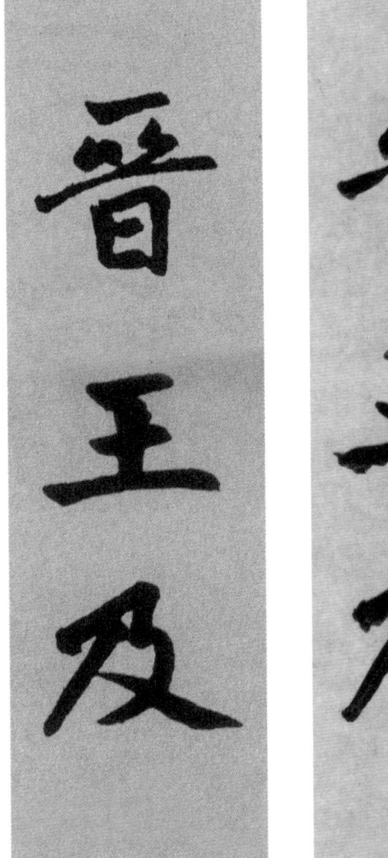

今皇帝

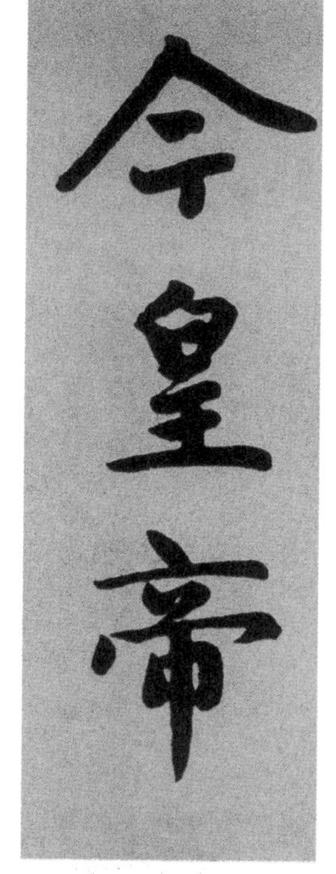

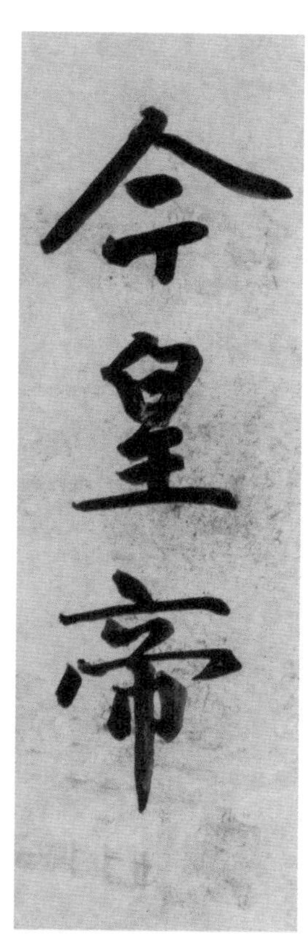

皇太后皆從受戒法

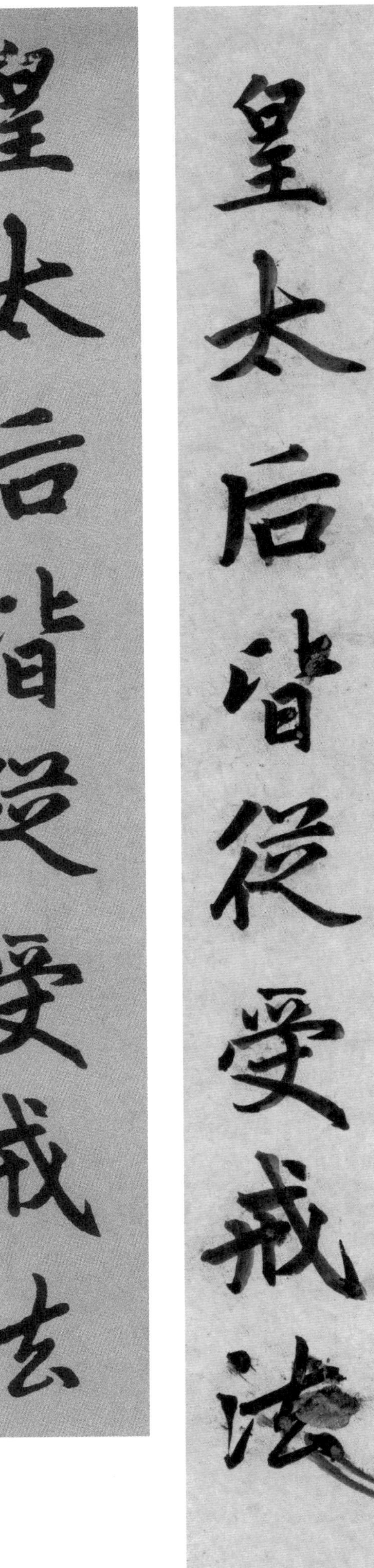

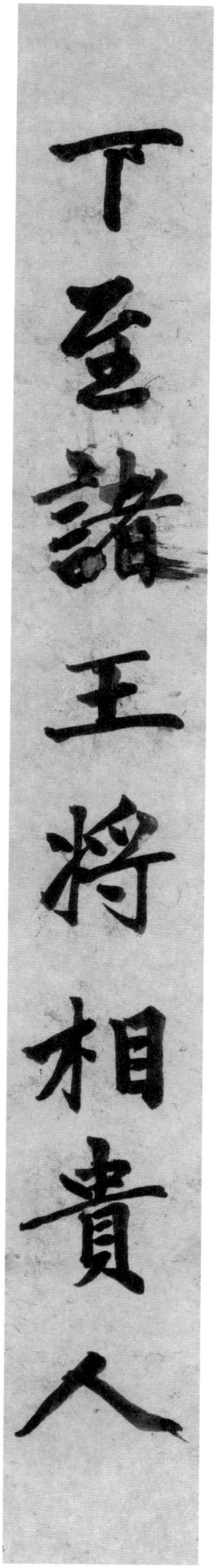

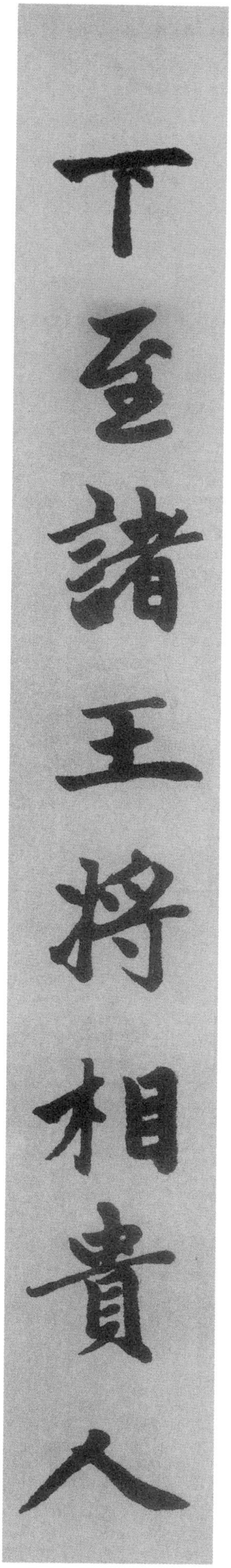

下至諸王將相貴人

委重寶為施身執弟

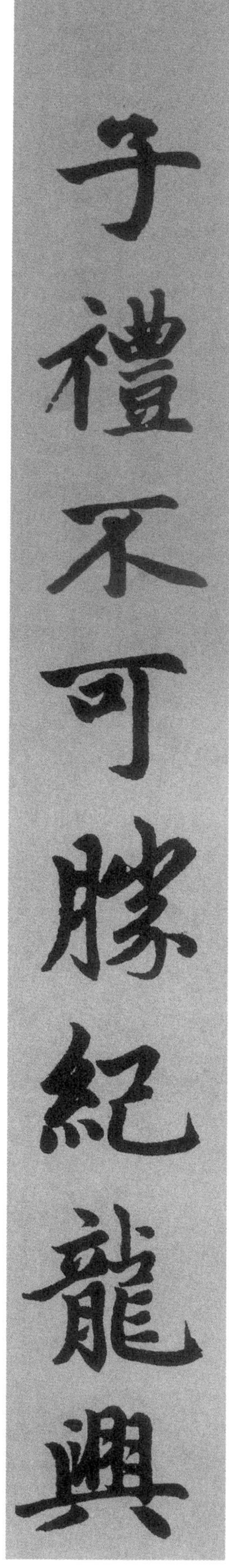

子禮不可勝紀龍興

寺建於隋（隋）世寺有金

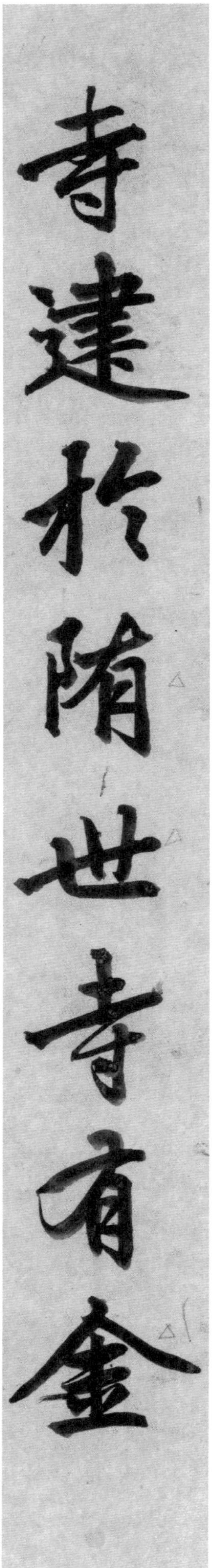

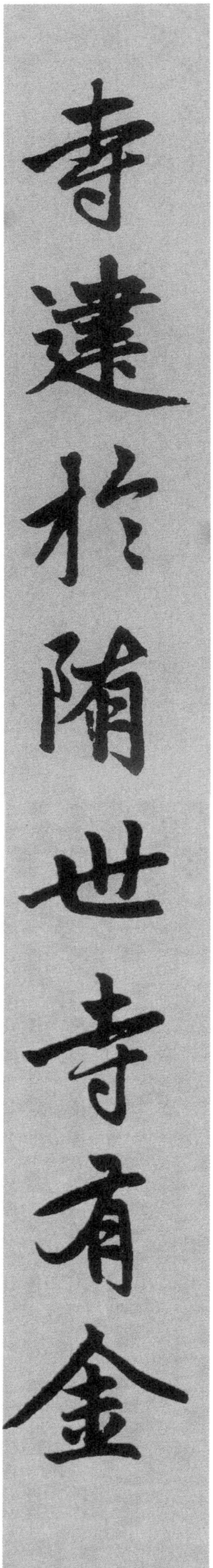

銅大悲菩薩像五代

時契丹入鎮州縱火

梵寺像毁於火周人

梵寺像毁於火周人

梵寺像毁於火周人

取其銅以鑄錢宋太

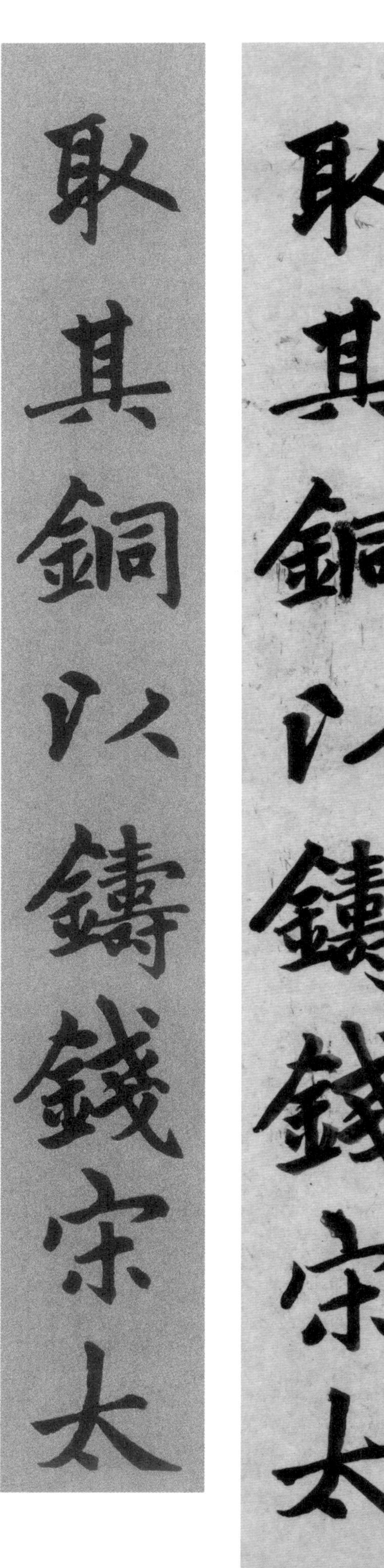

祖伐河東像已毀為

之歎息僧可傳言寺

之歎息僧可傳言寺

之歎息僧可傳言寺

有復興之識於是為

降詔復造其像高七

啓功臨趙孟頫《膽巴碑》

十三尺建大閣三重

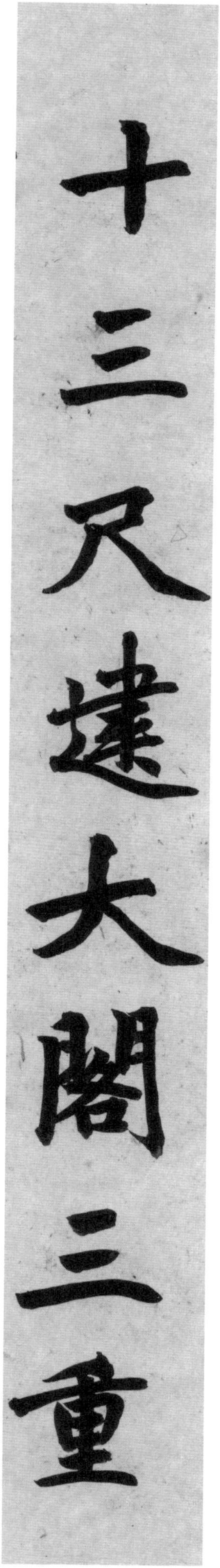

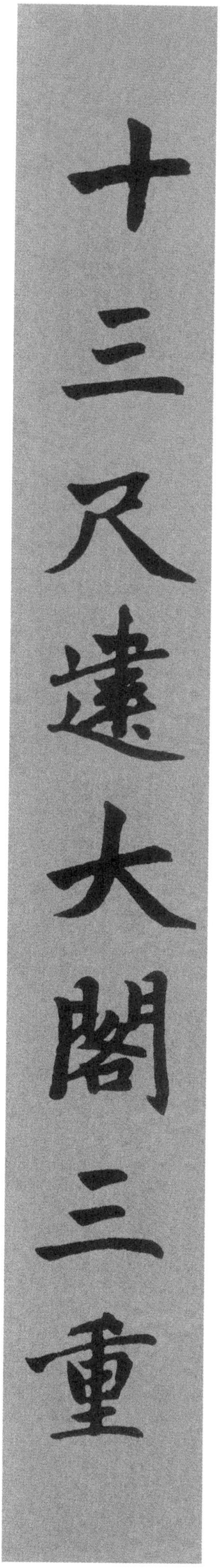

以覆之旁翼之以兩

樓壯麗奇偉世未有

也繇是龍興遂為河

朔名寺方營閣有美

木自五臺山頮龍河

流出計其長短小大

流出計其長短小大

流出計其長短小大

多寡之數與閣材盡

多寡之數與閣材盡

多寡之數與閣材盡

合詔取以賜僧惠演

為之記師始來東土

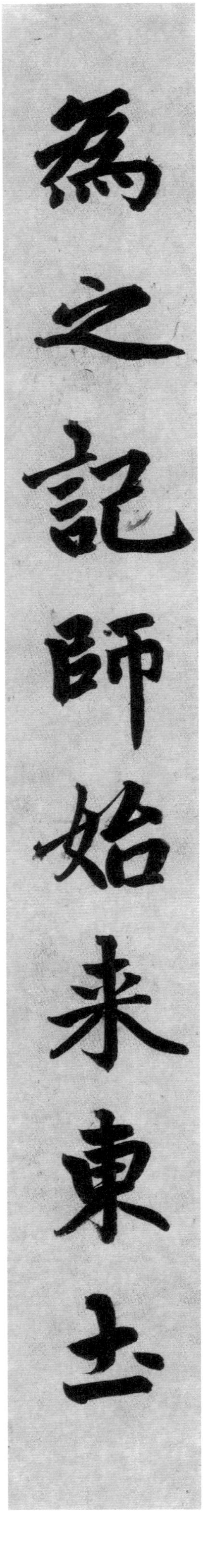

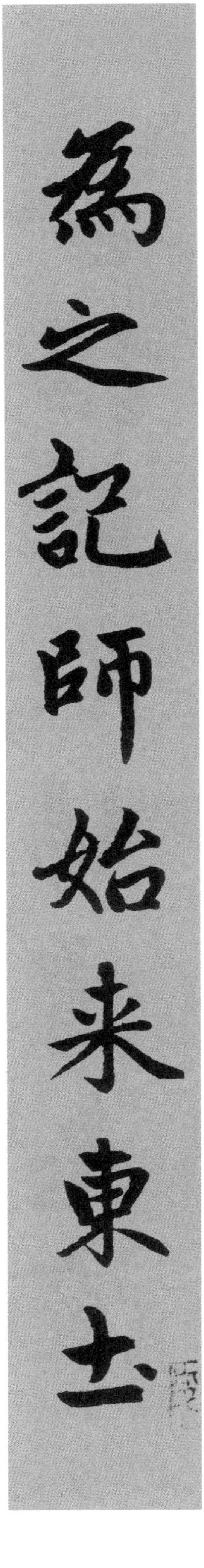

寺講主僧宣微大師

寺講主僧宣微大師

寺講主僧宣微大師

普整雄辯大師永安

普整雄辯大師永安

普整雄辯大師永安

等即禮請師為首住

持元貞元年正月師

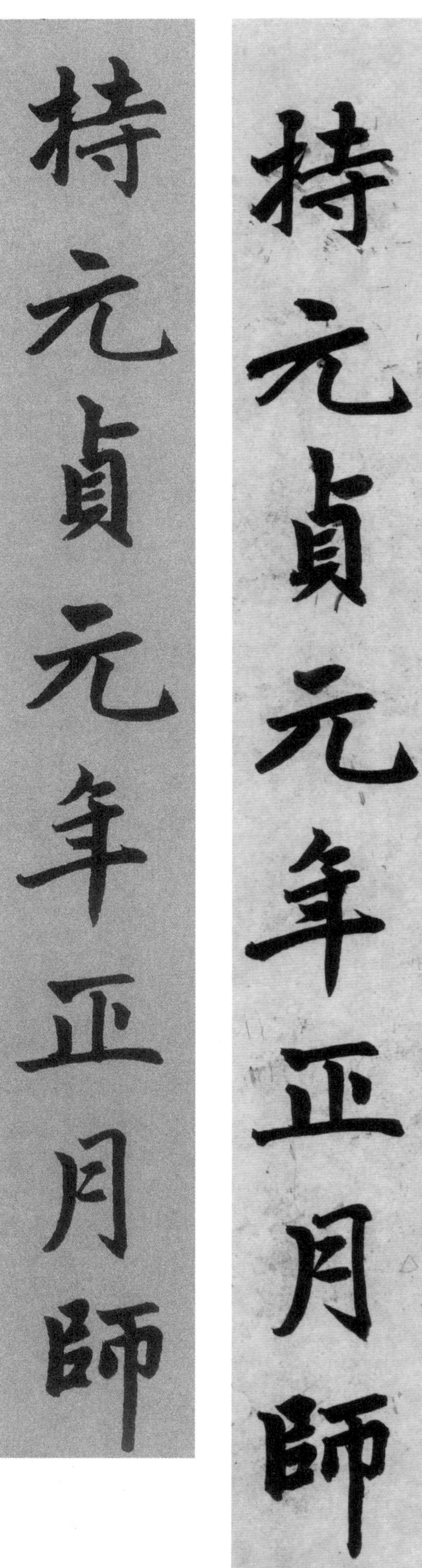

忽謂衆僧曰將有聖

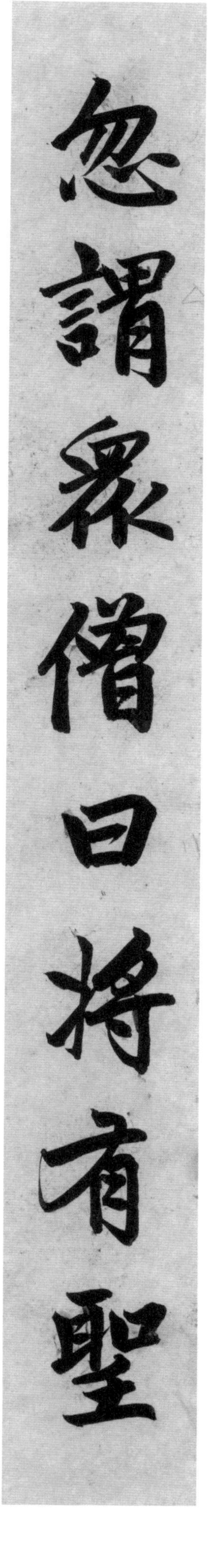

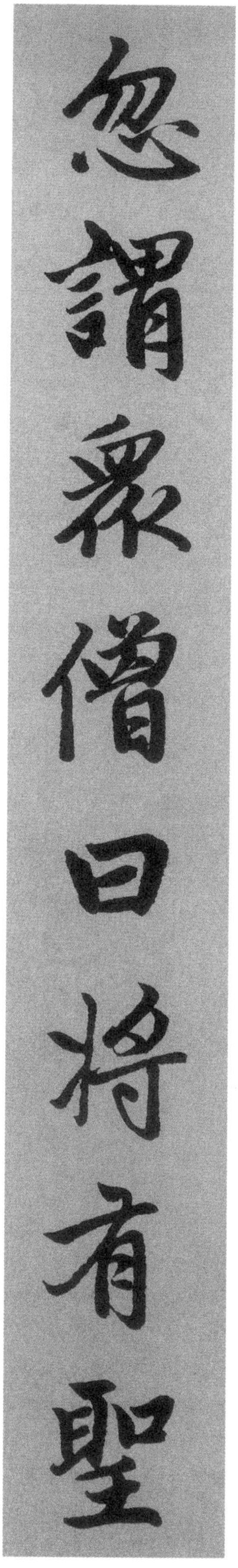

人興起山門即為梵

書奏

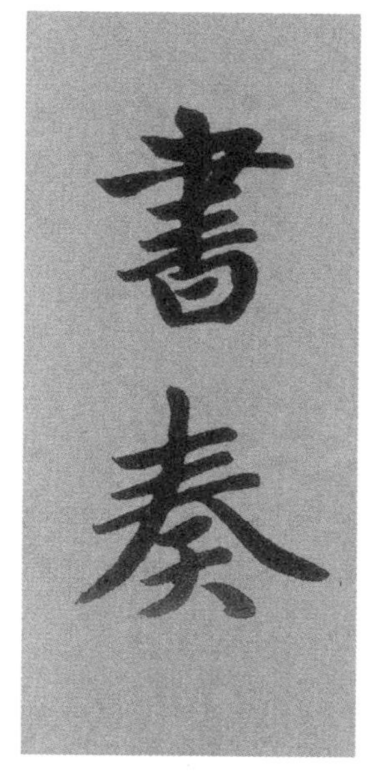

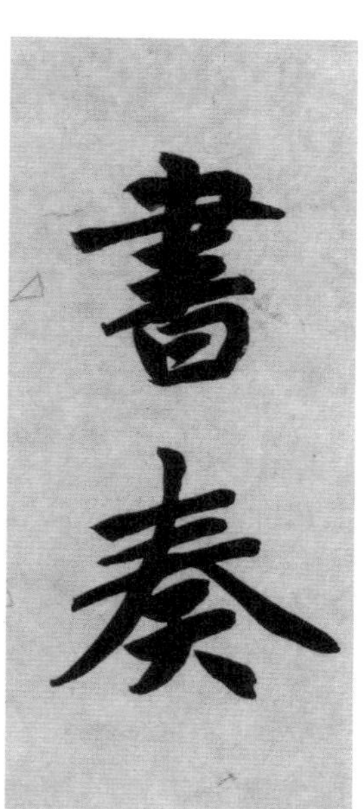

徽仁裕聖皇太后奉

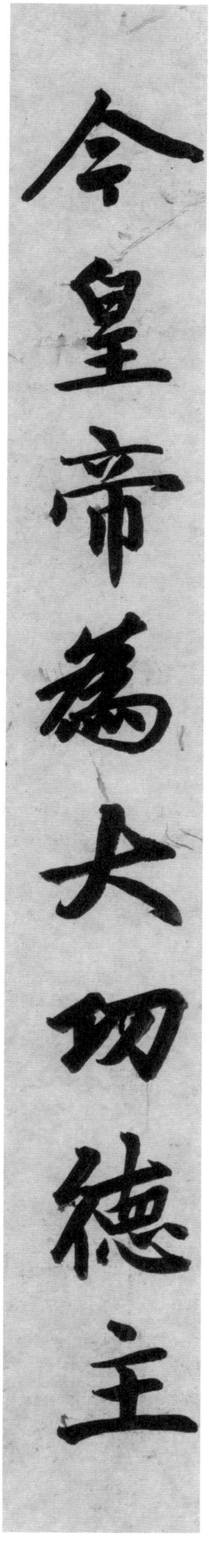

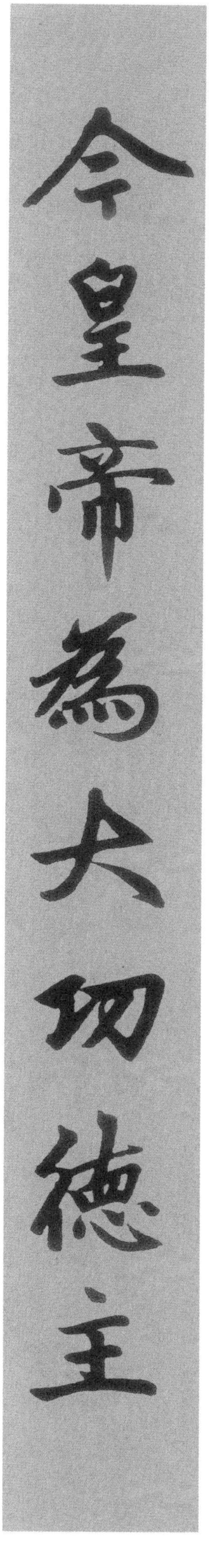

今皇帝為大功德主

主其寺復謂衆僧曰

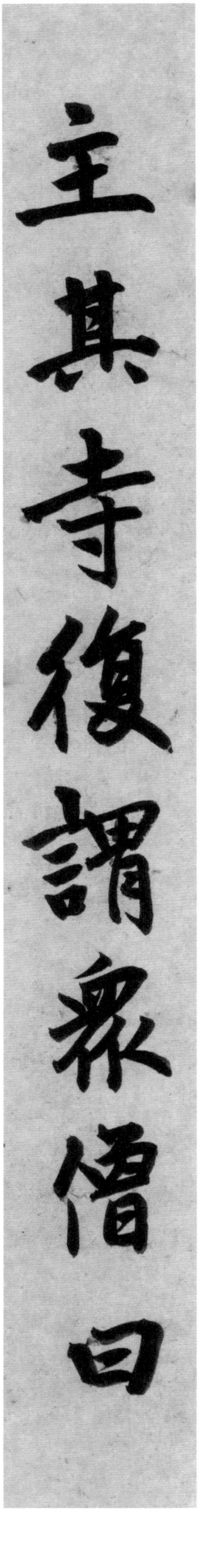

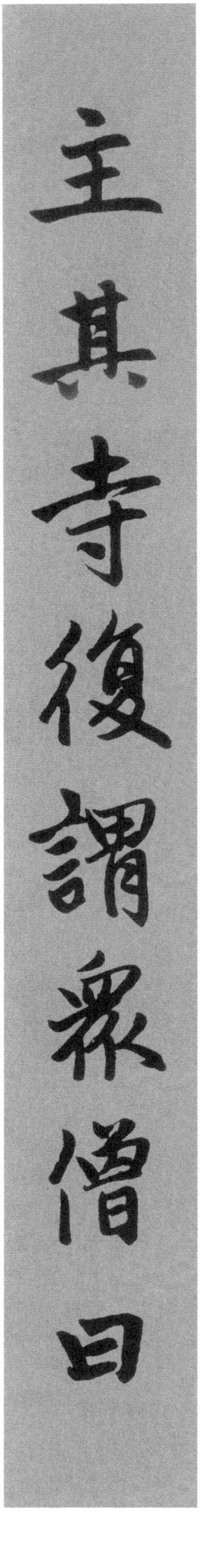

汝等繼今可日講妙

汝等繼今可日講妙

汝等繼今可日講妙

法蓮華經孰復相代

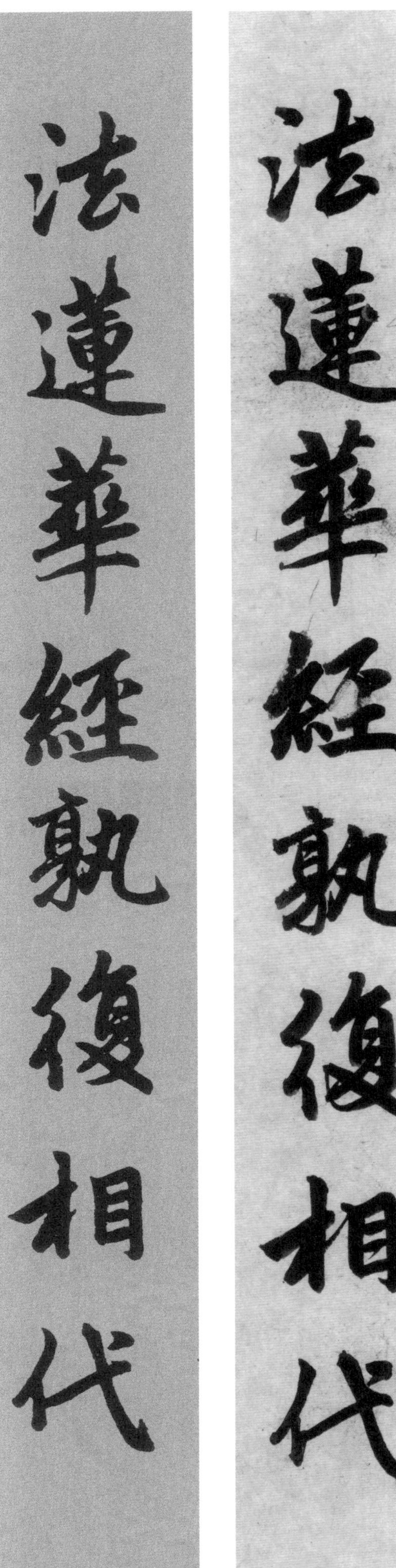

無有已時用召集神

靈擁護

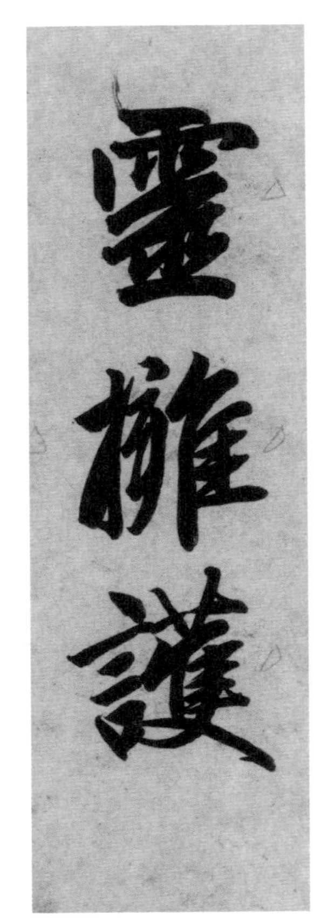

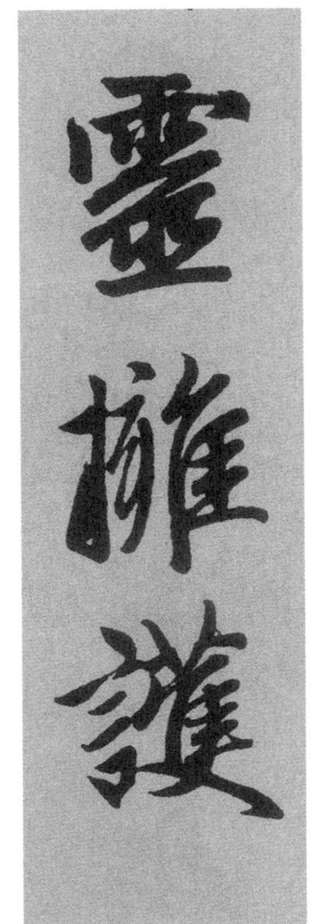

聖躬受無量福香華

聖躬受無量福香華

聖躬受無量福香華

果餌之費皆度我私

果餌之費皆度我私

果餌之費皆度我私

財且預言

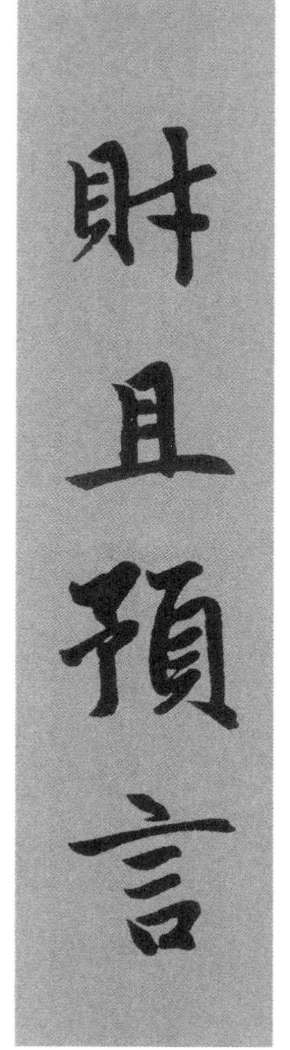

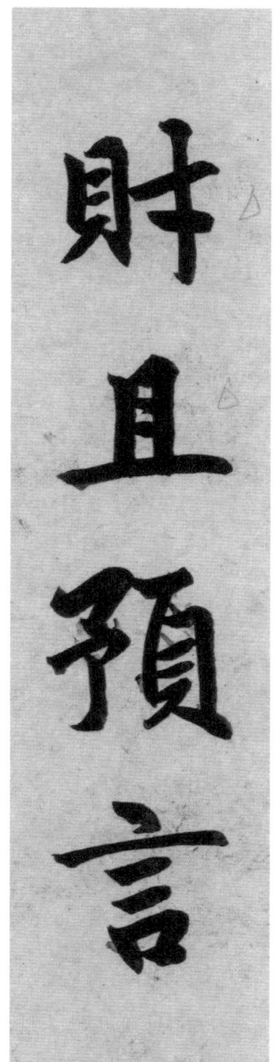

聖德有受命之符至

聖德有受命之符至

聖德有受命之符至

大元年東宫既建以

舊邸田五十頃賜寺

為常住業師之所言

至此皆驗大德七年

師在上都弥陁院入

般涅槃現五色寶光

獲舍利無數

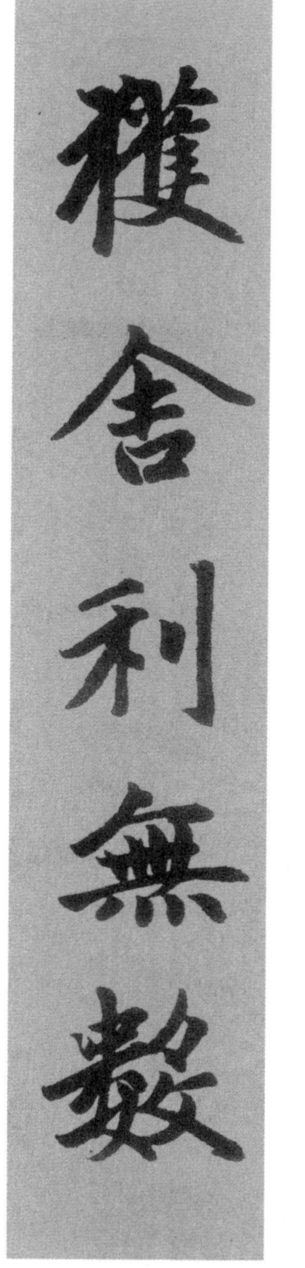

皇元一統天下西蕃

上師至中國不絶操

行謹嚴具智慧神通

行謹嚴具智慧神通

行謹嚴具智慧神通

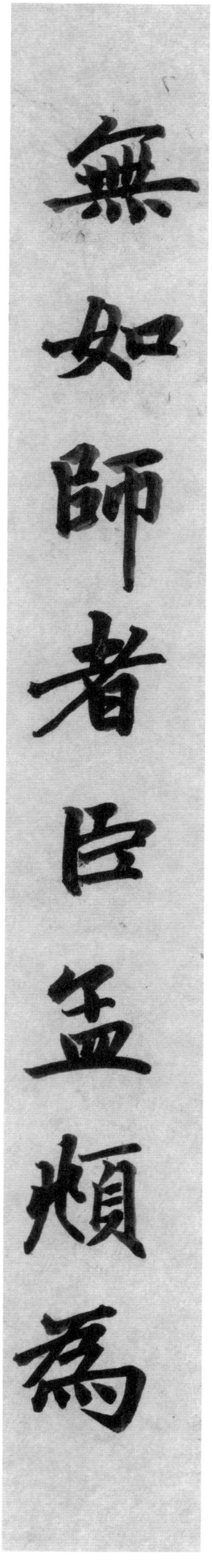

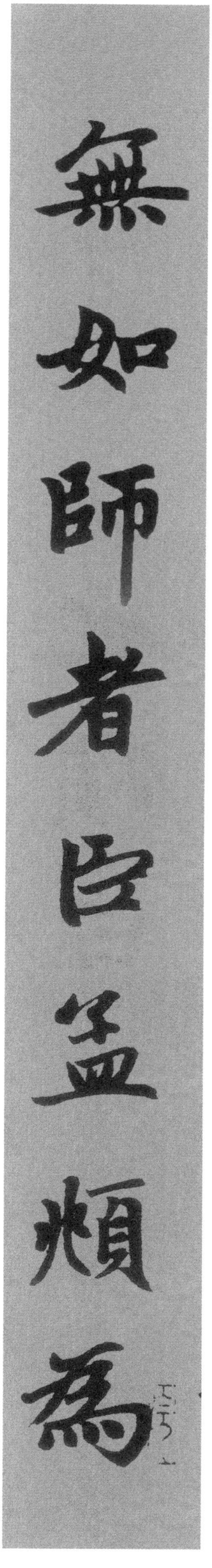

無如師者臣孟頫為

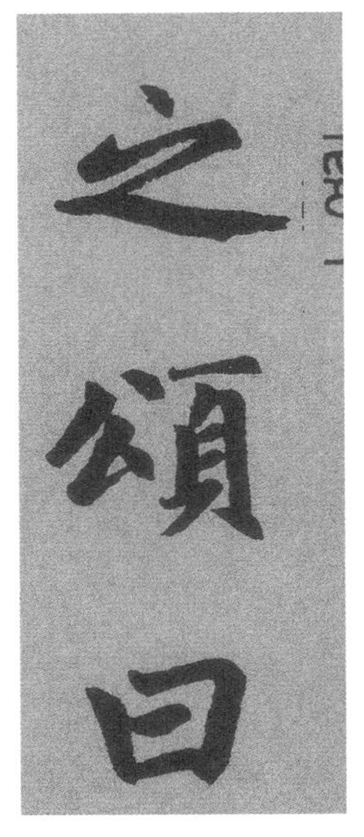
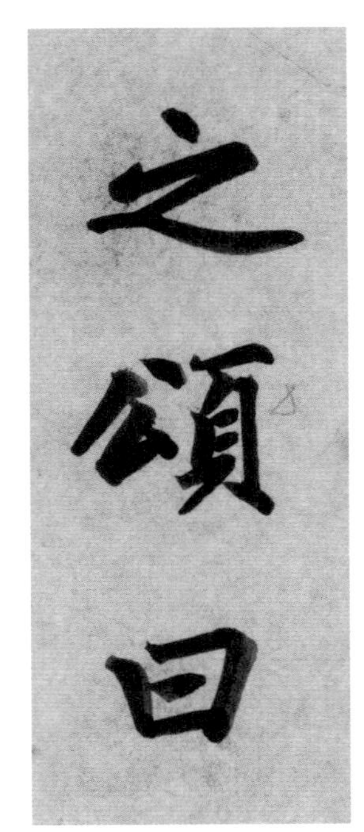

之頌曰

師從無始刦學道不

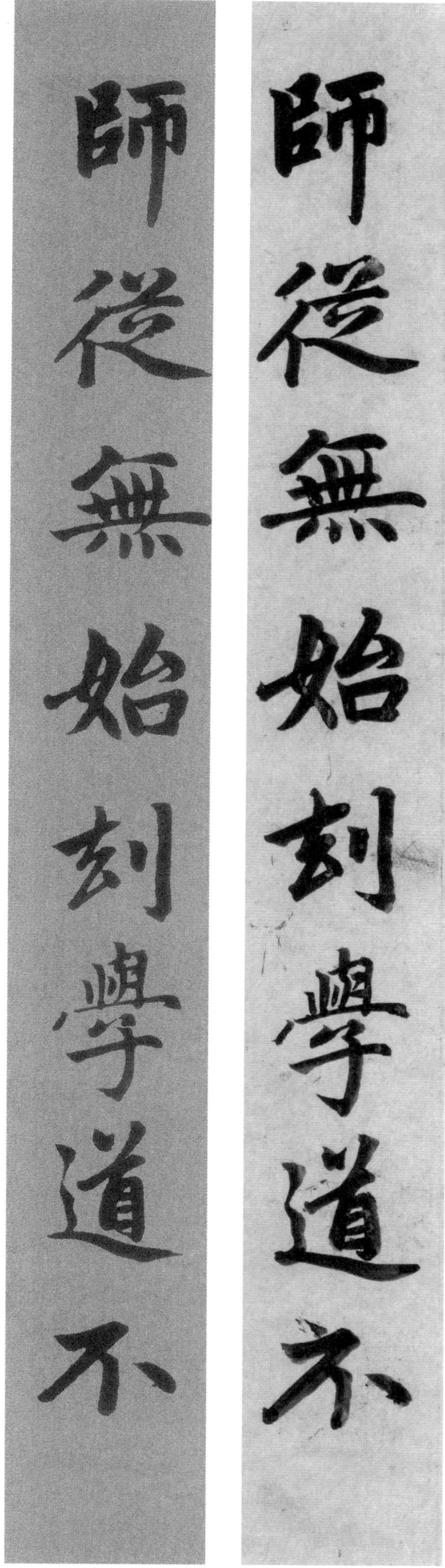

退轉十方諸如來一

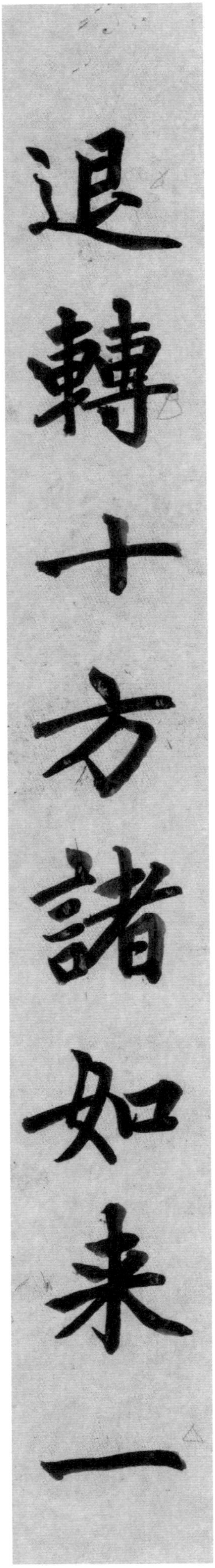

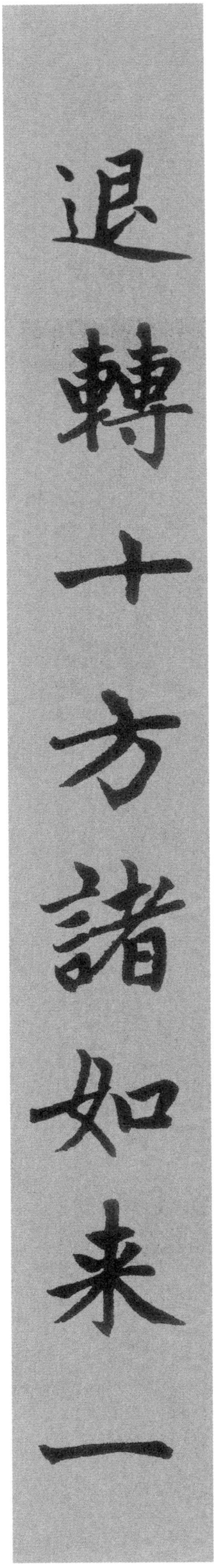

一所受記來世必成

佛住娑婆世界演説

佛住娑婆世界演説

佛住娑婆世界演説

無量義身為

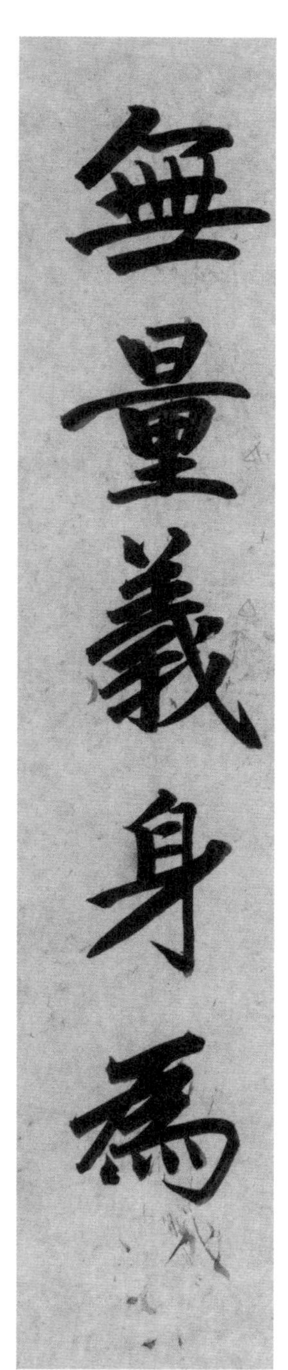

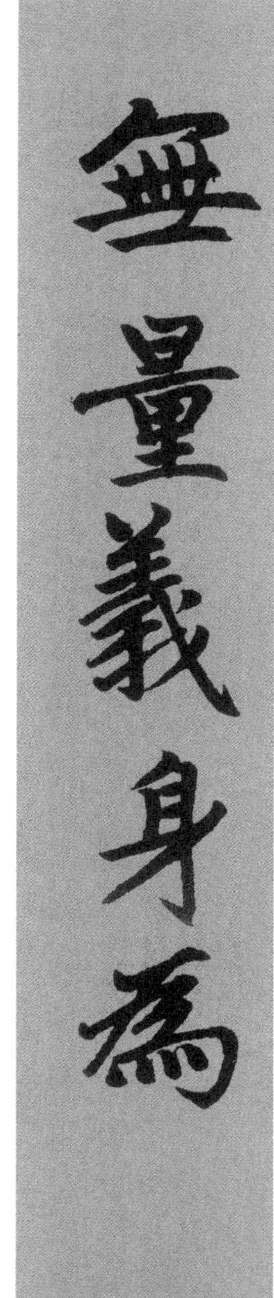

帝王師度脱一切衆

帝王師度脱一切衆

帝王師度脱一切衆

黄金為宫殿七寶妙

黄金為宫殿七寶妙

黄金為宫殿七寶妙

莊嚴種種諸珍異供

養無不備建立大道

養無不備建立大道

養無不備建立大道

場邪魔及外道破滅

場邪魔及外道破滅

場邪魔及外道破滅

無蹤跡法力所護持

國土保安靜

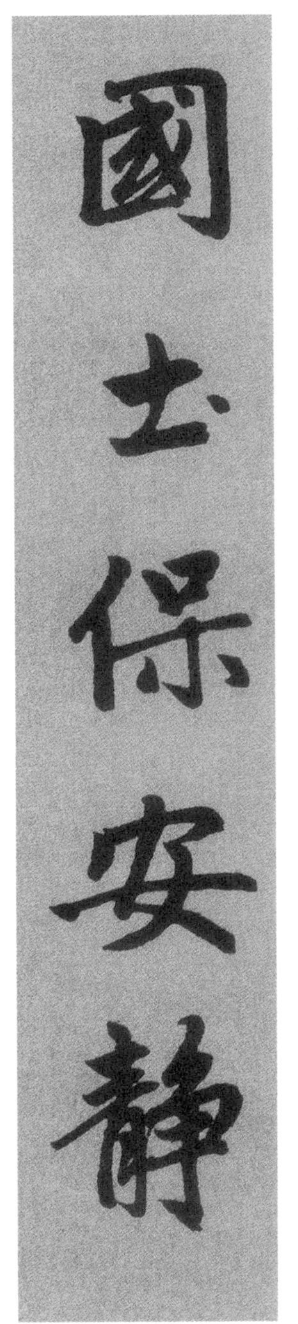

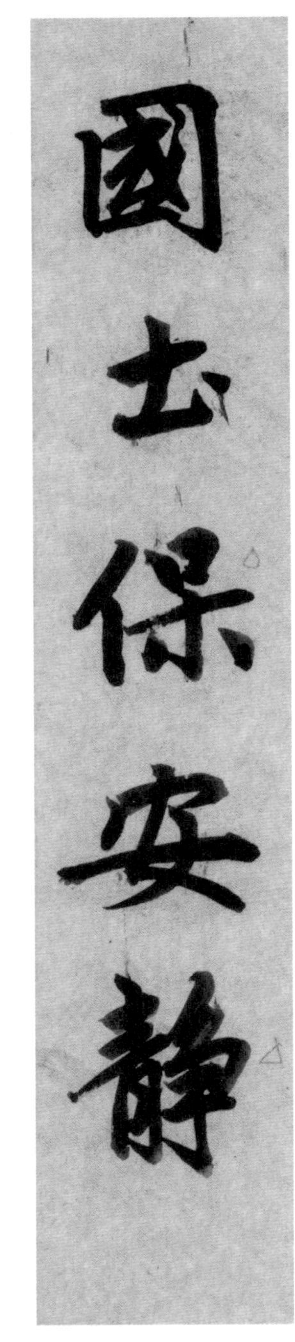

皇帝

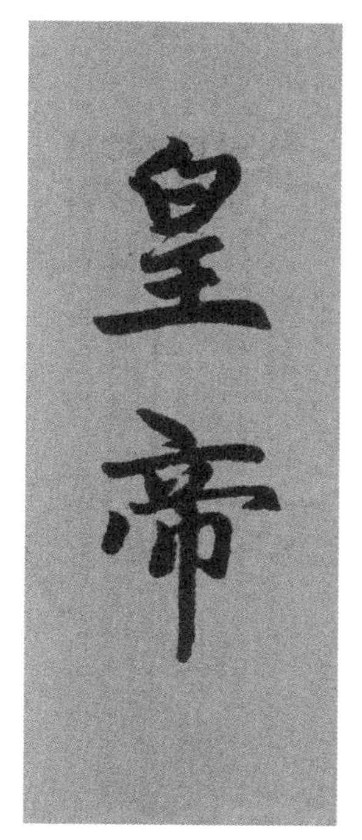
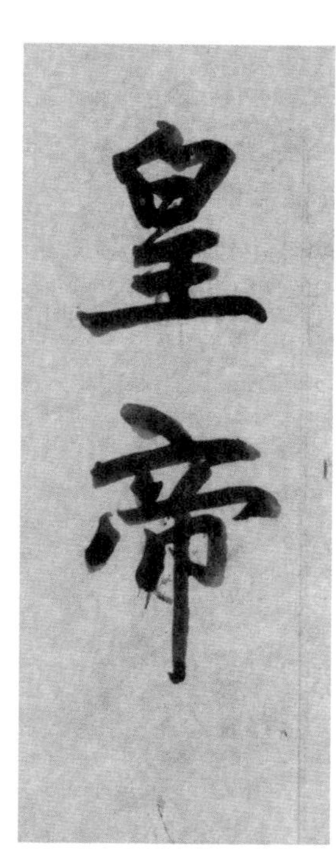

皇太后壽命等天地

皇太后壽命等天地

皇太后壽命等天地

王宫諸眷屬下至於

含生歸依法力故皆

證佛菩提成就衆善

果獲無量福德臣作

如是言傳布於十方

下及未來世贊歎不

可盡

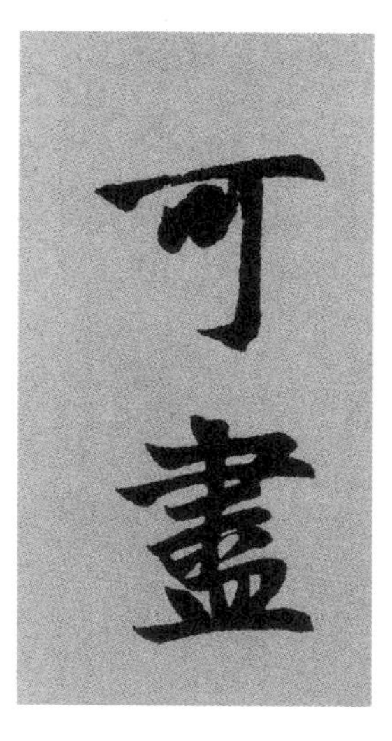

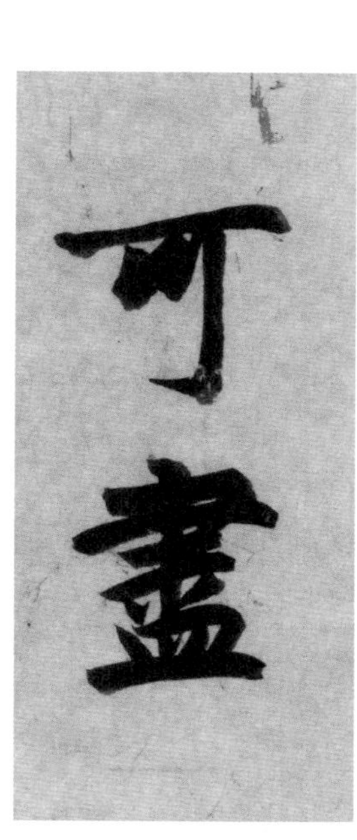

延祐三年　月

立石

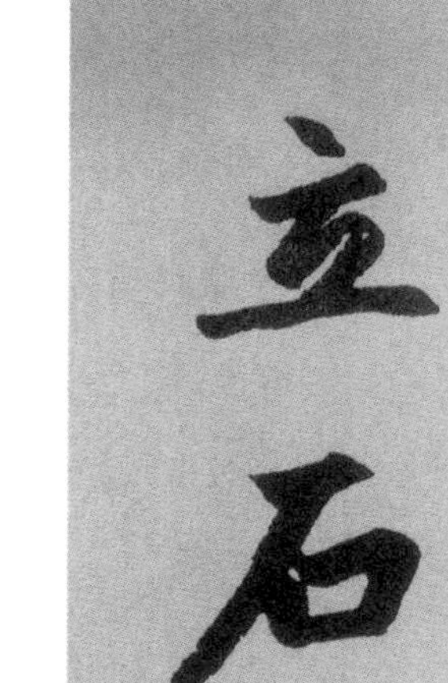

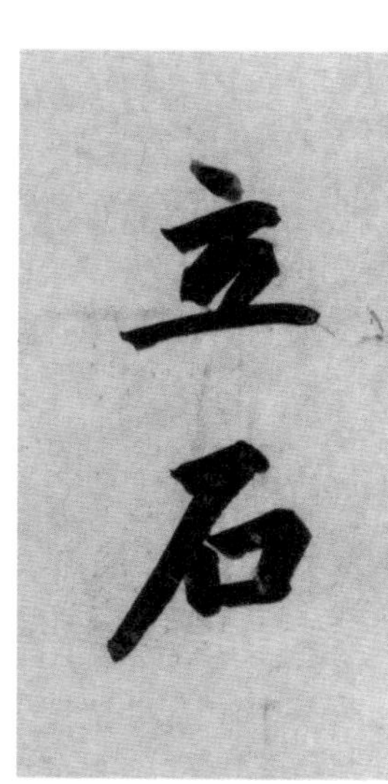

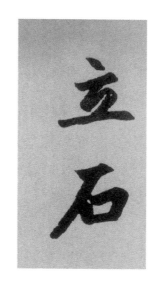

後記

臨帖是書法學習的基本功。啓功先生在其數十年的筆墨生涯中，孜孜以求，臨帖不輟，給我們留下了大量的碑帖臨本。關於臨帖的方法，啓功先生説：『所謂臨帖，就是以碑帖或别的法書爲榜樣，來對照著摹倣、練習，它是學習書法的必由之路。任何一種藝術，都有其本身固有的法則和規律，都有表現其藝術效果的技巧和方法。因此，在臨帖時既要動手又要動腦，特别要注意分析、研究法帖在結字和用筆方面的特點和規律。』關於臨帖的目的，啓功先生説：『每個人的筆跡不同，無法互相相像。臨寫古帖的目的，肯定不是爲了變成古人，而是爲吸收古人摸索得到的經驗。』先生早年的臨本，非常注重原帖的風格，既要與原帖接近，又要注重筆墨的現實感；先生后來的臨本，特别在二十世紀七八十年代，已經超然古帖，明顯有自己的風格。由此可見，先生在臨帖過程中很好地把握了『入帖』和『出帖』的問題。

爲了讓更多的讀者掌握臨帖方法和規律，我們編選了這套『啓功臨帖對照冊』叢書，將啓功先生的臨帖作品和古人原帖進行比照排版（左爲古帖右爲啓臨），以便讀者能清晰看出啓功先生臨帖的特點，既忠於原帖的法度和精髓，又融入自己對法帖的理解和感悟，從而使讀者在學習和臨摹古代碑帖時，參透啓功先生臨帖機理，認真動腦，掌握規律，探尋自我臨帖的方法和技巧。

本叢書在編寫過程中得到了章景懷先生、章正先生的大力支持；高巖先生、王亮先生爲本書提供了珍貴的資料；任勇先生爲本書的排版做了大量的工作。在此一併謹致謝忱！

癸卯孟夏　衛兵記於北京跬步齋

图书在版编目（CIP）数据

启功临赵孟頫《胆巴碑》/ 启功著；卫兵编．—北京：北京师范大学出版社，2023.9
（启功临帖对照册）
ISBN 978-7-303-29264-6

Ⅰ．①启…　Ⅱ．①启…　②卫…　Ⅲ．①楷书－法书－作品集－中国－现代　Ⅳ．①J292.28

中国国家版本馆 CIP 数据核字（2023）第 130739 号

图书意见反馈：gaozhifk@bnupg.com　010-58805079
营 销 中 心 电 话　010-58807651
北师大出版社高等教育分社微信公众号　新外大街拾玖号

出版发行：北京师范大学出版社 www.bnupg.com
北京市西城区新街口外大街 12-3 号
邮政编码：100088
印　　刷：北京盛通印刷股份有限公司
经　　销：全国新华书店
开　　本：787 mm × 1092 mm　1/8
印　　张：16.5
字　　数：200 千字
版　　次：2023 年 9 月第 1 版
印　　次：2023 年 9 月第 1 次印刷
定　　价：48.00 元

策划编辑：卫　兵　　责任编辑：章　正　王　亮
美术编辑：陈　涛　李向昕　　装帧设计：陈　涛　李向昕
责任校对：陈　民　　责任印制：马　洁